NORD SÜD VERLAG

Nord-Süd Verlag

Sankt Nikolaus kommt

Bild: Józef Wilkoń

Text: Konrad Richter

Die Tür flog auf, und Stephan stürzte
durch den Hausflur in die Küche.
»Mutter, Mutter!« rief er aufgeregt,
»ich muß dir unbedingt etwas...«
»Du mußt unbedingt die Stiefel ausziehen«,
unterbrach ihn die Mutter verärgert.
»Den halben Wald schleppst du mir
wieder ins Haus. Willst du denn
aus der Küche ein Schlammloch machen?
Wie oft muß ich dir noch sagen, daß man
nicht mit schmutzigen Schuhen
ins Haus kommt?!«

»Ja, ich weiß«, brummte Stephan.
Enttäuscht drehte er sich um
und stakste vorsichtig hinaus.
Jetzt hatte er keine Lust mehr,
von seinen Abenteuern bei der
Tierfütterung im Wald zu erzählen.

Langsam ging er über
den Hof zum Schuppen.

Dort wollte er seinem Onkel helfen,
den Schlitten für den nächsten Tag
mit Heu zu beladen.

Im Schuppen war Onkel Hans
schon fast fertig mit der Arbeit.
»Na, Stephan, was machst du denn
für ein langes Gesicht?« fragte Onkel
Hans.
»Freust du dich gar nicht?
Heute kommt doch der Nikolaus!«
Stephan wurde vor Schreck ganz blaß.
Er konnte gar nicht mehr antworten.
Das hatte er ja total vergessen!
Und ausgerechnet heute
war ihm das mit den Stiefeln passiert. Aber
dann stapfte er trotzig mit dem Fuß auf
und rief: »Den Nikolaus find ich blöd!
Und Nüsse und Mandarinen
mag ich auch nicht, und…
und die Lebkuchen kann er auch behalten!«

Wütend lief Stephan zum Haus zurück
und hockte sich auf seinen Lieblingsplatz.
Ob der Nikolaus wohl wußte, daß er immer
mit dreckigen Schuhen ins Haus kam?
Und hatte der Nikolaus gehört, was er eben
im Schuppen über ihn gesagt hatte?
Ganz wohl war Stephan nicht.

Er hatte noch nicht lange auf dem
Treppenabsatz gesessen, als er auch schon
seine Mutter hörte: »Stephan, komm doch
ins Wohnzimmer. Der Nikolaus wird
bald hier sein!«

Stephans Mutter zündete gerade die
erste Kerze auf dem Adventskranz an,
als es schwer an die Tür klopfte.
Herein trat der Nikolaus: ein großer
Mann mit einem riesigen Mantel
und einem langen, weißen Bart. Und je
weiter der Nikolaus ins Wohnzimmer trat,
desto weiter verkroch sich Stephan
in die hintere Ecke des Wohnzimmers,
bis er schließlich unter dem Eßtisch saß.
Durch die Tischbeine konnte Stephan
jetzt nur noch die schwarzen Stiefel
des Sankt Nikolaus sehen.

Aber was war denn das?
Stephan sah, wie kleine
Schneeklumpen von den
Stiefeln des Nikolaus auf
den Fußboden fielen
und schmolzen.

Kaum hatte Stephan das entdeckt,
sprang er auf und rief:
»Schau, Mutter, der Nikolaus
hat auch dreckige Stiefel an!«
Stumm starrten Sankt Nikolaus
und Stephans Mutter
auf die schmutzigen Stiefel.
Doch dann fing der Nikolaus laut
zu lachen an, und auch die Mutter
konnte sich das Lachen nicht verkneifen.

Schließlich sagte Sankt Nikolaus: »Ja, lieber Stephan, auch ein Nikolaus macht Fehler. Wollen wir jetzt deiner Mutter gemeinsam versprechen, nicht mehr mit schmutzigen Schuhen im Haus herumzulaufen?«

Froh über diese Wendung
nickte Stephan und versprach es.
Auch fand er den Nikolaus
gar nicht mehr so böse.
Eigentlich ist er ja ganz nett, dachte er.

Am Abend, als Stephan ins Bett ging,
fand er auf dem Nachttisch
einen Teller mit Mandarinen, Nüssen
und einem großen Lebkuchen.
Da nahm er sich noch einmal ganz fest
vor, nicht mehr mit schmutzigen Schuhen
ins Haus zu laufen.

Glücklich und zufrieden
schlief er endlich ein
und träumte von den
vielen Tieren im Wald.

Druck: La Editoriale Libraria SpA, Trieste
ISBN 3 314 00719 1

Weitere Nikolaus- und Weihnachtsgeschichten
aus der Reihe KLEINE RIESEN
im Nord-Süd Verlag

Scheidl/Pfister
Die vier Lichter des Hirten Simon

Siegenthaler/Pfister
Wie Sankt Nikolaus einen Gehilfen fand

Eleonore Schmid
Wach auf, Siebenschläfer, Sankt Nikolaus ist da
Die Weihnachtsgeschichte

Johnson/Bernadette
Ein ganz verrückter Nikolaustag

Scheidl/Bernadette
Ein Esel geht nach Bethlehem